BEI GRIN MACHT SICH IHR WISSEN BEZAHLT

AF141774

- Wir veröffentlichen Ihre Hausarbeit,
  Bachelor- und Masterarbeit

- Ihr eigenes eBook und Buch -
  weltweit in allen wichtigen Shops

- Verdienen Sie an jedem Verkauf

Jetzt bei www.GRIN.com hochladen und kostenlos publizieren

Philipp Andreas Grabher, Thomas Felder

3D-CAD mit KBE-Software

Konstruieren mit CAD- und KBE-Software

GRIN Verlag

Bibliografische Information der Deutschen Nationalbibliothek:

Die Deutsche Bibliothek verzeichnet diese Publikation in der Deutschen National-
bibliografie; detaillierte bibliografische Daten sind im Internet über http://dnb.d-
nb.de/ abrufbar.

Impressum:

Copyright © 2012 GRIN Verlag GmbH
Druck und Bindung: Books on Demand GmbH, Norderstedt Germany
ISBN: 978-3-656-56859-9

Dieses Buch bei GRIN:

http://www.grin.com/de/e-book/266183/3d-cad-mit-kbe-software

GRIN - Your knowledge has value

Der GRIN Verlag publiziert seit 1998 wissenschaftliche Arbeiten von Studenten, Hochschullehrern und anderen Akademikern als eBook und gedrucktes Buch. Die Verlagswebsite www.grin.com ist die ideale Plattform zur Veröffentlichung von Hausarbeiten, Abschlussarbeiten, wissenschaftlichen Aufsätzen, Dissertationen und Fachbüchern.

Besuchen Sie uns im Internet:

http://www.grin.com/

http://www.facebook.com/grincom

http://www.twitter.com/grin_com

3D-CAD mit KBE-Software

Konstruieren mit CAD- und KBE-Software

Seminararbeit in IT Infrastruktur 1

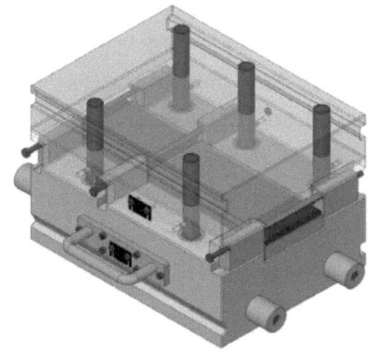

Fachhochschule Vorarlberg

Wirtschaftsingenieurwesen BSc 1. Semester

Vorgelegt von   Philipp Grabher und Thomas Felder

Dornbirn,   Januar, 2012

Vorwort

Dieses Dokument ist eine Gemeinschaftsarbeit von Philipp Grabher und Thomas Felder im Rahmen des IT Infrastrukturunterrichts des ersten Semesters, Studiengang Wirtschaftsingenieurwesen an der FH Vorarlberg. Die Arbeit ist in fünf Hauptpunkte gegliedert. Die Einführung und somit der erste Teil der Arbeit befasst sich mit der Entwicklung des Konstruktionswesens. Im zweiten Teil der Arbeit wird auf das Konstruieren mittels Computer eingegangen. Dabei wird für das bessere Verständnis mit dem zweidimensionalen Konstruieren am Computer (2D-CAD) begonnen und anschließend übergegangen in den Bereich des dreidimensionalen Konstruierens (3D-CAD). Aufbauend auf die erhaltenen Informationen des dreidimensionalen Konstruierens wollen wir auf das Anwenderprogramm „SolidWorks" eingehen, welches bei uns im Berufsalltag verwendet wird. Der folgende dritte Teil, das Knowledge Based Engineering (Wissensbasiertes Konstruieren), baut auf dem zuvor erwähnten Schwerpunkt de 3D-CAD auf. Ohne ein dreidimensionales Konstruieren mittels Computerunterstützung wäre Verwendung des Knowledge Based Engineering nicht möglich. Als Anwenderprogramm für ein Knowledge Based Engineering werden wir die Software „TaktonWorks" erläutern und einen Einblick in die Arbeitsweise mit Knowledge Based Engineering geben. Zum Abschluss unserer Arbeit möchten wir mit einer Reflexion eines praxisbezogenen Beispiels erläutern, wie sich diese Entwicklung des Konstruktionswesens auf den heutigen Arbeitsprozess auswirkt. Die Verantwortlichkeit über diese Arbeit wurde auf Grund des Tätigkeitsfeldes im Berufsleben wie folg aufgeteilt. Philipp Grabher übernahm die Bereiche der Entwicklung des Konstruktionswesens und des Computer Aided Design und Thomas Felder übernahm den Bereich des Knowledge Based Engineering und die praxisbezogene Reflexion. Diese Seminararbeit ist auf einer Präsentation aufgebaut, welche im Rahmen der IT Infrastruktur 1 Lehrveranstaltung gehalten wurde. Mit dieser Präsentation wollten wir unseren Studienkollegen, des anfangs erwähnten Studienganges, die Thematik des computerunterstützten Konstruierens näher bringen. Das Thema Computer Aided Design mit Unterstützung des Knowledge Based Engineering wurde von uns auserwählt, da wir als Anwender im Berufsalltag mit diesen Computersystemen arbeiten. Über diese Seminararbeit, besteht die Möglichkeit hinter die Kulissen des reinen Anwenders zu sehen und somit neue Eindrücke zu unseren Arbeitsmitteln beim Konstruieren mittels Computer zu bekommen.

Inhaltsverzeichnis

Darstellungsverzeichnis

Abkürzungsverzeichnis

CAD	Computer Aided Design – Rechnerunterstützte Konstruktion
2D-CAD	2 Dimensional Computer Aided Design – Zweidimensionales Rechnerunterstütztes Konstruieren
3D-CAD	3 Dimensional Computer Aided Design – Dreidimensionales Rechnerunterstütztes Konstruieren
KBE	Knowledge Based Engineering – Wissensbasiertes Konstruieren
SolidWorks	3D-CAD Anwenderprogramm
TactonWorks	KBE - Anwenderprogramm
CAM	Computer Aided Manufacturing – Rechnerunterstützte Fertigung

1 Entwicklung des Konstruktionswesens

Mit der Erläuterung der Entwicklung des Konstruktionswesens, wollen wir in die Konstruktionsmethodik eindringen und ein grundlegendes Verständnis für das Konstruktionswesen vermitteln. Es werden in groben Zügen die einzelnen Entwicklungsphasen des Konstruktionswesens vom Beginn bis zur modernsten Methodik des Konstruierens erläutert.

1.1 Die mechanische Zeichentafel

Wenn wir bis zu den Wurzeln der ersten Konstruktionsskizzen zurückgehen wollten, müssten wir bis über das Mittelalter zurückblicken. Bleiben wir aber bei den nachvollziehbaren Fakten welche zeigen, dass im 14 Jahrhundert erste technische Zeichnungen an einem Zeichenbrett erstellt wurden. Der Universalgelehrte Leonardo da Vinci soll einer der ersten gewesen sein, der technische Zeichnungen für den Bau seiner Gebäude und Maschinerien erstellt haben soll. Viele seiner Entwürfe wurden erst Jahrhunderte später verwirklicht, so konstruierte er seinerzeit schon Zahnräder und Getriebe, welche heutzutage aus der Welt der Technik nicht mehr wegzudenken sind. Hätte er zu diesem Zeitpunkt keine technischen Zeichnungen erstellt, hätte man Jahrzehnte oder sogar Jahrhunderte später nicht von seinem Wissen profitieren können. (vgl. Thomas 2008)

Darst. 1: Die mechanische Zeichentafel
Online im Internet: http://de.wikipedia.org/wiki/Technisches_Zeichnen (Zugriff am 02.01.2011)

Bei der Industrialisierung im 19. Jahrhundert wurde das technische Zeichnen am Zeichenbrett ein wichtiger Bestandteil und ein eigener Berufszweig. Es wurden Dokumente erstellt, nach deren Vorlage im Fertigungsprozess technische Güter für den Maschinenbau aber auch für den Bau von Brücken und Gebäuden erstell wurden. Mit der Industrialisierung hat die technische Zeichnung auch einen wichtigen Wert als Dokument für jeweilige Patentfragen gewonnen. Ein Patent einer Maschine ohne technische Zeichnungen wäre heutzutage undenkbar und dient als Grundlage für jegliche Patentfragen. Wichtig ist zu erwähnen, dass im Zuge der Industrialisierung das technische Zeichnen durch Regeln und Normen vereinheitlicht wurde, so dass die Zeichnungen für jeden Fachmann zu lesen sind. (vgl. Thomas 2008)

1.2   2D-CAD (2 Dimensional Computer Aided Design)

Mit dem Einzug der Großrechner und deren industriellen Nutzung wurde Mitte der 1960 auch das Konstruktionswesen revolutioniert. Somit wurde das „CAD", Computer Aided Design oder in der deutschen Sprache ausgesprochen das „rechnerunterstütztes Konstruieren" geboren. Jedoch war diese Technologie zu diesem Zeitpunkt nur den Großkonzernen mit ihren riesigen Rechenzentren vorbehalten. Ende der 1970er Jahre entstanden die ersten Workstations, kleine Kompakte Rechner die an jedem Arbeitsplatz genutzt werden konnten. Dies war die Revolutionierung des CAD für die gesamte industrielle Nutzung vom Großkonzern bis hin zum kleinen Ingenieursbüro. Zu diesem Zeitpunkt wurde diese Technologie genutzt um zweidimensionale Zeichnungen am Computer zu erstellen und anschließend am Plotter auszudrucken. Somit konnte eine Zeichnung so oft wie gewünscht ausgedruckt werden und musste nicht immer aufs Neue mühevoll von Hand erstellt werden. (vgl. Thomas 2008)

1.3 3D-CAD (3 Dimensional Computer Aided Design)

Schon in den 1980er Jahren wurden die ersten Versuche gestartet Volumens Körper dreidimensional darzustellen und zu konstruieren. Ab dem Jahre 1985 wurde dann das dreidimensionale Konstruieren in der industriellen Nutzung eingeführt. Wobei es einige Jahre dauerte, bis sich das 3D-CAD gegenüber dem 2D-CAD durchsetzte, denn es ist eine ganz neue Arbeitsweise und war zu diesem Zeitpunkt mit extremen Investitionskosten verbunden. Heutzutage ist das 3D-CAD nicht mehr wegzudenken, denn es bietet dem Anwender die Möglichkeit Volumens Körper zu erstellen, was im 2D-CAD nicht möglich ist. (vgl. Thomas 2008)

1.4 Knowledge Based Engineering

Wie die Erfahrung gezeigt hat, bietet das Konstruieren am 3D-CAD ganz neue Perspektiven, jedoch entsteht durch diese Konstruktionsmethode mehr Arbeitsaufwand wie gegenüber dem 2D-CAD. Die Möglichkeit, die erzeugten Daten für den Fertigungsprozess weiter verwenden und somit bei anderen Arbeitsprozessen eine Arbeitserleichterung zu erwirken, bestätigt diese Entwicklung. Um nun die entstandenen Nachteile wieder auszumerzen, wurde die nächste Stufe des Konstruktionswesens mit dem zusätzlichen Softwaresystem des Knowledge Based Engineering im Jahre 2005 eingeführt. Mit dem Knowlege Based Engineering sollen entstandene Nachteile am 3D-CAD vermieden werden und so dem Konstrukteur wieder ein erleichtertes arbeiten gewährleisten. Das Knowledge Based Engineering in Zusammenhang mit einer Datenbank, welche die CAD-Daten verwaltet, ist der aktuellste Entwicklungsstand am Markt. (vgl. Thomas 2008)

2 Computer Aided Design

Nachdem mit der Entwicklung des Konstruktionswesens schon ein Einblick in das rechnerunterstützte Konstruieren gegeben wurde, wollen wir nun auf die zwei CAD Systeme des 2D- und 3D-CAD eingehen.

2.1 2D-CAD (2 Dimensional Computer Aided Design)

Der Name 2D-CAD bedeutet zweidimensionales rechnerunterstütztes Konstruieren. Mit dem 2D-CAD hat man den Arbeitsprozess des Konstruierens am Reisbrett übernommen und auf die Technologie des Computers adaptiert. Wie man am Bild sehen kann besteht das gezeichnete Bauteil aus lauter einzelnen, vom Konstrukteur gezeichneten Linien. Diese wurden mittels eines Stiftes und eines Tablars und später mittels Tastatur und Maus im CAD gezeichnet. (vgl. Hofer, 2011)

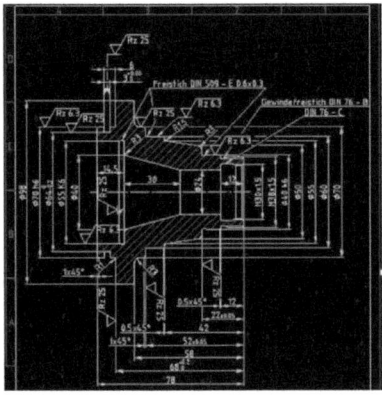

Darst. 2: Zeichnung im 2D-CAD (Eigene Ausarbeitung)

2.1.1 Nachteil eines 2D-CAD gegenüber dem Zeichenbrett

Man muss anerkennen, dass der Übergang vom Zeichenbrett zum 2D-CAD in der Arbeitsweise erhebliche Vorteile gebracht hat, jedoch mussten am Beginn des CAD-Zeitalters verhältnismäßig hohe Investitionskosten getätigt werden, um einen CAD-Arbeitsplatz zu erwerben. (vgl. Hofer, 2011)

2.1.2 Vorteile eines 2D-CAD gegenüber dem Zeichenbrett

Die Vorteile des 2D-CAD gegenüber dem Zeichnen am Zeichenbrett sind, dass die erstellten Zeichnungen in digitaler Form gespeichert werden können und somit der enorme Platzbedarf für die Lagerung der Handzeichnungen entfällt. Außerdem können bestehende Zeichnungen vereinfacht abgeändert werden. Ein großer Vorteil des CAD ist, dass die Bemaßung am Objekt in der CAD-Zeichnung bemaßt und gemessen werden kann, hingegen bei der Handzeichnung muss das Maß zuerst errechnet werden. Natürlich ist die Zeitersparnis enorm, die man sich vom 2D-CAD gegenüber der Handzeichnung erschaffen hat. Alleine dieser Vorteil ist die Investition schon wert, denn eine Erstellung einer Handzeichnung brauchte 3- bis 4-mal so lange wie die Erstellung einer Zeichnung am 2D-CAD. (vgl. Hofer, 2011)

2.2 3D-CAD (3 Dimensional Computer Aided Design)

Der Name 3D-CAD bedeutet dreidimensionales rechnerunterstütztes Konstruieren. Mit dem 3D-CAD hat ein neues Zeitalter des Konstruierens begonnen. Es werden nicht nur zweidimensionale Zeichnungen erstellt, sondern es werden dreidimensionale Volumens Körper und Baugruppen erstellt, von denen anschließend zweidimensionale Zeichnungen abgeleitet werden.

Darst. 3: Baugruppe im 3D-CAD
Online im Internet: http://engineeringlearning.blogspot.com/2011/06/
creopro-e-vs-solidworks-vs-catia.html (Zugriff am 02.01.2011)

Bei der Erstellung von dreidimensionalen Volumenmodellen geht es nicht nur um ein plastisches darstellen eines Körpers, sondern es werden dem Volumenmodel Eigenschaften des schlussendlich erzeugenden Produktes beigefügt. Darunter verstehen wir, dass dem Modell die Dichte, Elastizitätskoeffizient, Ausdehnungskoeffizient und viele weitere Parameter beigefügt werden. Mit diesen Informationen können zum Beispiel Kunststoffteile auf Hitzebeständigkeit, Verformbarkeit, Fließeigenschaften im Fertigungsprozess und Verhalten gegen Bruch simuliert und geprüft werden. Somit können konstruierte Bauteile direkt am CAD per Simulation geprüft werden, ob sie den gewünschten Anforderungen entsprechen. Ein weiterer großer Vorteil ist, dass aus den einzelnen Bauteilen, Baugruppen erstellt werden können und somit der Zusammenbau am CAD schon geprüft werden kann. Somit können Fehlerquellen und dadurch entstehende Kosten bereits im Vorhinein eliminiert werden, bevor ein Euro in den Fertigungsprozess investiert wurde. Ein ganz wichtiger Aspekt ist die Simulation von Funktions- und Bewegungsabläufen im Konstruktionsbereich, sowie das Verhalten des Bauteiles, Baugruppe unter verschiedenen Extrembedingungen. Speziell in Bereichen wo das Leben von Personen von der einwandfreien Funktion eines maschinellen Bauteiles abhängig ist, wird viel mit solchen Simulationen gearbeitet. Natürlich gibt es viele Zusatzprogramme für das jeweilige Anforderungsprofil, jedoch ist immer das dreidimensionale Bauteil oder die Baugruppe die Grundbasis. Ohne die bestehenden 3D-Modelle, könnte keine Simulation getätigt werden. Aus diesem Grund waren die Flugzeugindustrie und Fahrzeugbau der treibende Motor, dass das 3D-CAD entwickelt wurde und immer noch weiter entwickelt wird. Denn speziell für die Industriebereiche des Flugzeugbaus oder Fahrzeugbaus wäre das 3D-CAD nicht mehr wegzudenken. (vgl. Hofer, 2011)

2.2.1 Vorteile eines 3D-CAD gegenüber dem 2D-CAD

Die wesentlichen Vorteile des 3D-CAD gegenüber dem 2D-CAD sind die räumliche Darstellung einzelner Bauteile. Dies erleichtert es dem Konstrukteur wesentlich, sich seine Konstruktion vorzustellen, weil er jede seiner konstruktiven Tätigkeiten gleich visuell am Bildschirm sehen kann. Außerdem kann der Konstrukteur Baugruppen erstellen, mit welchen er anschließend Simulationsabläufe und somit Kollisionsprüfungen erstellen kann. Aus den erhaltenen Erkenntnissen können noch in der Konstruktionsfase Änderungen bzw. Verbesserungen eingebracht werden und somit Änderungskosten vermieden werden. Ein wichtiger Aspekt ist, dass die Zeichnungen nicht mehr wie am 2D-CAD Strich für Strich erstellt werden, sondern direkt von den schon erstellten Bauteilen oder Baugruppen abgeleitet werden. Dies bedeutet ein wesentlicher Vorteil, denn somit entsprechen die Zeichnungsansichten immer genau dem 3D-Modell. (vgl. Hofer, 2011)

2.2.2 Nachteil eines 3D-CAD gegenüber dem 2D-CAD

Natürlich ist uns bewusst, dass es nicht nur Vorteile geben kann und somit müssen auch die Nachteile aufgezeigt werden. Denn jeder Benutzer eines CAD Systems sollte über deren Nachteile informiert sein, damit er durch seine Arbeitsweise den einen oder anderen Nachteil vermeiden kann. Es muss auch erwähnt werden , dass Zeichnungen nicht mehr so schnell wie am 2D-CAD erstellt werden können, denn um im 3D-CAD eine Zeichnung zu erstellen, muss zuerst ein Modell und eventuell eine Baugruppe modelliert werden. Aus diesem Grund werden Layouts von Grundrissen oder Lageplänen oft noch am 2D-CAD erstellt. Was jedem Benutzer eines 3D-CAD′s bewusst sein muss ist, dass beim dreidimensionalen Konstruieren extrem große Datenmengen anfallen, welche wiederum verwaltet werden müssen. Diese benötigen große Mengen an Speicherplatz und die Verwaltung der Daten stellt die EDV immer wieder vor neue Herausforderungen. (vgl. Hofer, 2011)

2.3 SolidWorks

Das 3D-CAD System SolidWorks wird bei den Beschläge Firmen Grass GmbH und Julius Blum GmbH verwendet. Dieses CAD-System ist die Grundbasis für das verwendete Knowledge Based Engineering Programm „TaktonWorks", welches im Anschluss erörtert wird. SolidWorks ist ein weitverbreitetes CAD System, welches sehr häufig im Maschinen- , Produkt- und Werkzeugbaubereich ihre Anwendung findet. Solid Works bietet den Vorteil, dass die Anwendung im Vergleich zu anderen 3D-CAD Programmen leicht erlernbar ist. (vgl. Hofer, 2011)

2.3.1 Erstellen eines Bauteiles

Da die schriftliche Erläuterung um ein kompaktes Bauteil im 3D-CAD zu erstellen sehr aufwendig ist, und in Schulungsunterlagen mehrere 100 Seiten füllen würde, werde ich mich sehr kurz fassen und nur einen kleinen Überblick über die Erstellung eines Bauteiles geben. Bei der Präsentation unserer Seminararbeit haben wir anhand eines Filmes demonstriert wie ein eine Schraube im 3D-CAD erstellt wird.

Um im 3D-CAD ein Teil zu erstellen, muss zuerst eine zweidimensionale Skizze auf einer ausgewählten Ebene im Raum definiert werden. Die nun erstellte Skizze wird über eine Funktion, als dreidimensionalen Körper ausgetragen. Somit haben wir einen Quader erstellt. Um eine Bohrung im bestehenden Modell zu erstellen, muss wiederum eine zweidimensionale Skizze als Kreis erstellt werde. Mit der nun erstellten Skizze, kann mittels einer Funktion die Bohrung durch den Quader erstellt werden. Wichtig ist zu erwähnen, dass ich bewusst eine einfache Geometrie gewählt habe, um die Arbeitsweise übersichtlich darstellen zu können. (vgl. SolidWorks Corporation, 2007)

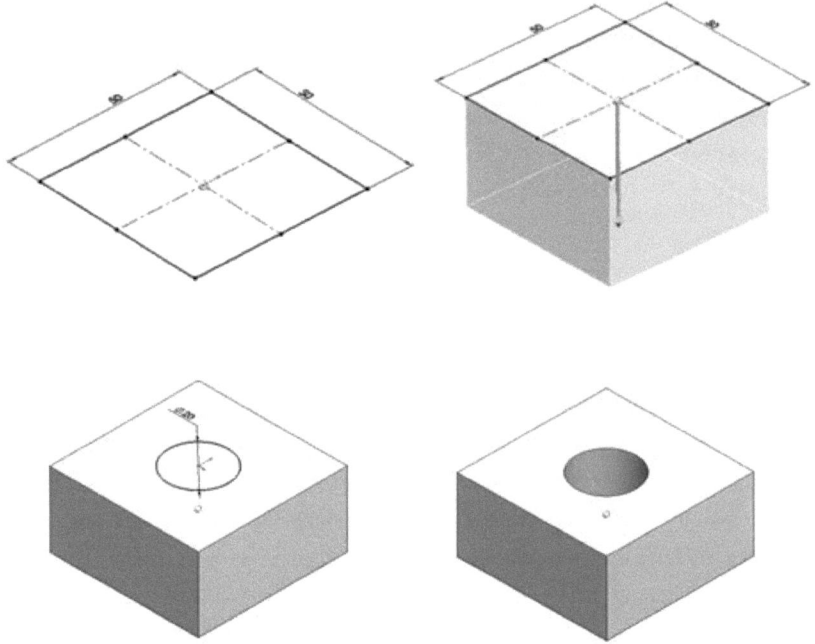

Darst. 4: Erstellen eines Volumen Körpers (Eigene Ausarbeitung)

2.3.2 Erstellen einer Baugruppe

Im 3D-CAD können Einzelteile zu Baugruppen zusammengefügt werden. Die Zusammenfügung der Teile wird mittels Verknüpfungen erstellt, welche auch Funktionen wie Drehbewegungen oder lineare Bewegungen ermöglichen. Somit kann in der Baugruppe, die Bewegungsfreiheit der Einzelteile bestimmt werden. Dies ist ganz wichtig, um Simulationen und Bewegungsabläufe zu erstellen, um Funktion und Kollisionen überprüfen zu können. (vgl. SolidWorks Corporation, 2007)

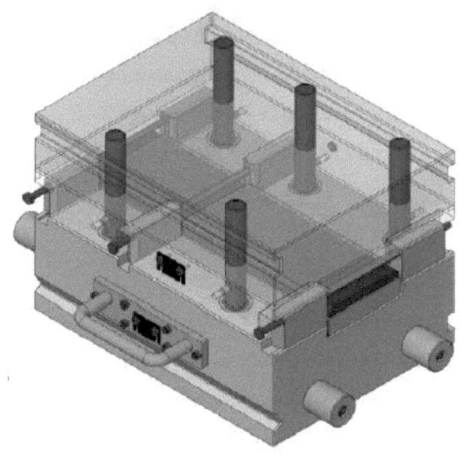

Darst. 5: Baugruppe Stanzwerkzeug im 3D-CAD (Eigene Ausarbeitung)

3 Prozessoptimierung im Konstruktionsbereich

Wie in allen Bereichen des Berufslebens ist auch der Konstruktionsbereich bemüht eine stetige Prozessoptimierung durchzuführen. Wie anhand der Entwicklung des Konstruktionswesens erläutert wurde, ist ersichtlich dass genau dies geschieht und in Zukunft auch sehr viel Wert darauf gelegt wird. Nun wollen wir in kurzer Form erläutern, wie im Konstruktionswesen eine Prozessoptimierung für den gesamten Fertigungsprozess gewährleistet werden kann. Die wesentlichen Punkte bei denen der Arbeits- bzw. Umsetzungsprozess optimiert werden kann, sind die Faktoren Zeit, Kosten, Qualität und übergreifende Vernetzung in dem Fertigungsprozess.

3.1 Zeitfaktor

In Sachen Zeitfaktor war die Entwicklung des CAD´s und die Entwicklung des Knowledge Based Engineering ein wichtiger Bestandteil. Mit der Entwicklung dieser computerunterstützten Programme wurde der Konstruktionsprozess wesentlich verkürzt. (vgl. Hofer, 2011)

3.2 Kostenfaktor

In Sachen Kostenfaktor hat die Entwicklung vom 2D-CAD zum 3D-CAD einen wesentlichen Beitrag geleistet, denn nun können anhand Berechnungs- und Simulationssoftware viele Zwischenschritte des Umsetzungsprozesses übersprungen werden. Somit können viele kostenaufwendige Musterdurchläufe und Versuche ausgelassen werden und es können anfallende Kosten eingespart werden. (vgl. Hofer, 2011)

3.3 Qualitätsfaktor

Durch das detailgetreue Konstruieren am 3D-CAD und die Übergabe der digitalen Daten an den Fertigungsprozess, siehe CAM (Computer Aided Manufacturing), können die Qualitätsstandards gehoben werden. Außerdem werden mit der Möglichkeit der Digitalisierung der CAD-Daten nicht nur der Qualitätsstandart, sondern auch die Durchlaufzeit und die Kosten in den Fertigungsbereichen gesenkt. (vgl. Hofer, 2011)

3.4 Vernetzung mit dem Fertigungsprozess

Ein wesentlicher Vorteil ist, dass CAD Daten der Konstruktion für weitere Bearbeitung an die Fertigung übergeben werden können. Mit Hilfe dieser Daten können beispielsweise im CAM, Programme für die CNC-Fertigung erstellt werden. Somit ist es möglich eine geschlossene Datenkette von der Konstruktion bis hin zum Fertigungsprozess zu erstellen. Für den Fertigungsprozess ist dies eine erhebliche Arbeitserleichterung welcher sich in den Faktoren der Zeit, Kosten und Qualität positiv auswirken. (vgl. Hofer, 2011)

4 Knowledge Base Engineering

4.1 Definition

Aufgrund der sehr hohen Aufwände die beim Konstruieren entstehen können, wurde nach einer Lösung gesucht, welche es dem CAD-Anwender erleichtert, seine Arbeit effizienter gestalten zu können. Dabei wurde die so genannte KBE Software entworfen. KBE ist eine Abkürzung für den englischen Begriff Knowledge Based Engineering was auf Deutsch so viel heißt wie „Wissensbasiertes Konstruieren". Der Gedanke einer solchen Hilfestellung ist es, diese Software mit unendlich viel Wissen zu füttern, wobei dann der Anwender in weiterer Hinsicht sehr stark davon profitieren sollte. Außerdem werden immer wiederkehrende Regeln und Prozessabläufe in die Software integriert um sie anschließend schnell und einfach abrufen zu können. Das Ziel dabei ist es den Konstrukteur von sehr zeitraubenden, wenig anspruchsvollen Routinetätigkeiten zu entlasten. Das heißt, dass immer wiederkehrende Konstruktionsprozesse in Bezug auf Zeit sehr stark eingespart werden müssen, was mit der Automatisierung in der Produktion vergleichbar ist. (vgl. CADFEM GmbH 2011)

4.2 Vorteile einer KBE-Software

Es ist ganz sicher von Vorteil, wenn das über Jahre gesammelte Know-how in einem Betrieb sicher und schnell abrufbar hinterlegt ist. Außerdem ist es für Mitarbeiter die neu in einer Konstruktionsabteilung beginnen zu Arbeiten und mit den internen Richtlinien und Standards nicht vertraut sind, eine bedeutsame Hilfestellung sich schneller in den laufenden Arbeitsprozess zu integrieren. Zudem ist die erwähnte Zeitersparnis ein überaus gutes Argument eine solche Software einzuführen.

Ein ebenfalls sehr wichtiger und vor allem immer wichtiger werdender Punkt ist es, beim Konstruieren keine Fehler zu machen. Weil wie man sich denken kann, hat jeder kleine Fehler der gemacht wird unter Umständen sehr große Auswirkungen. Dabei ist der finanzielle Aspekt ein sehr wichtiger Faktor, denn wenn man sich einmal die Herstellungskosten eines einzelnen ganz simplen Bauteils ansieht, wird schnell ersichtlich wie teuer schon sehr einfach herzustellenden Bauteile wirklich sind. Und zum anderen wäre es natürlich fatal, wenn sogar die Sicherheit von Personen wegen kleinen

Konstruktionsfehlern in Gefahr wäre. (vgl. Scherl, 2011)

4.3 Nachteile einer KBE-Software

Wo es Vorteile gibt, gibt es natürlich auch Nachteile. Was sich bei der Einführung einer solchen Software sicherlich nicht vermeiden lässt, ist dass anfangs gewisse Aufwände betrieben werden müssen, um sich mit den Anwendungsmöglichkeiten vertraut zu machen. Außerdem benötigt es einiges an Zeit, die gewünschten Anwendungsfälle zu definieren. Dabei muss beachtet werden, dass nur jene Anwendungsfälle bearbeitet werden, bei denen auch in weiterer Folge ein gewisser Nutzen entsteht, wenn ein solcher Aufwand betrieben wird. Ebenfalls sehr zeitaufwendig ist es, die dazu nötigen Informationen zu sammeln, um anschließend die gesammelten Daten aufzuarbeiten. Dies erfolgt dann in Zusammenarbeit zwischen dem Konstrukteur und jener Person, welche die Daten zum Schluss gesammelt in die Software integriert. Natürlich gibt es überall wo viel Software vorhanden ist, auch einen gewissen Aufwand in Bezug auf die Wartung. (vgl. Scherl, 2011)

4.4 TactonWorks

Nun möchte ich etwas genauer erläutern mit welcher Software bei der Beschläge Firma Julius Blum GmbH in Höchst gearbeitet wird. Und zwar hat man sich nach längerem Prüfen verschiedener Anbieter, für die Software des schwedischen Hersteller „Tacton" entschieden. Und anhand dieser KBE-Software möchte ich eine kleine Einsicht geben, wie die Vorteile eines solchen Systems funktionieren könnten.

Um diese KBE-Software nutzen zu können, müssen zuerst die 2 Module „TactonWorks Studio" und „TactonWorks Engineering" installiert und dann ins CAD-Programm als Zusatzsoftware integriert werden, in unserem Fall ist das wie schon gehört SolidWorks. (vgl. Lutz 2008, S. 28)

4.4.1 Tacton Works Studio

Mit Tacton Works Studio kann die Benutzeroberfläche mit welcher dann später der Anwender arbeitet, geschaffen werden. Hier können die verschiedenen Felder und Menüs gegliedert und mit der erwünschten Benennung versehen werden. Diese können entweder durch Drop-Down-Menüs zum Auswählen von bestimmten Werten sein oder aber auch Felder bei denen die erwünschten Zahlenwerte eingegeben werden. Dies alles passiert ganz ohne Programmierung und wird nur per Point-and-Click-Verfahren angewendet.

Nun möchte ich etwas genauer darauf eingehen in welche Ansichten sich TactonWorks Studio des Weiteren unterteilen lässt. Und zwar wird dabei zwischen der Modellansicht, der Eigenschaftsansicht, der Verknüpfungsansicht und der Ansicht für Inspektionen unterschieden. Des Weiteren wird die Modellansicht in fünf Managers unterteilt. Und zwar handelt es sich hierbei um die Komponentenstruktur, die Komponentenklassen, die Anwendungsstruktur, die benannten Domänen und die Sammlungen.
Ich werde jetzt auf einige der aufgezählten Ansichten bzw. Managers etwas genauer eingehen. (vgl. Lutz 2008, S. 28 – 35)

4.4.1.1 Modellansicht

In Abhängigkeit davon, welcher der genannten Managers gerade aktiv ist, kann in der Modellansicht das Konfigurationsmodell um Komponenten, Klassen, Eingabefelder, benannte Domänen oder eine Sammlung erweitert werden.

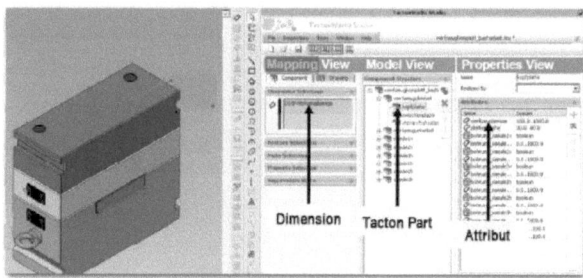

Darst. 6: TactonWorks Studio (Eigene Ausarbeitung)

Managers:

4.4.1.1.1 Komponentenstruktur

In diesem Manager wird abhängig von der Baugruppe in SolidWorks, eine grobe Struktur der Komponenten ins TactonWorks Studio übernommen. Dabei sollte der Aufbau der Komponentenstruktur möglichst dem der Baugruppe in SolidWorks entsprechen.

4.4.1.1.2 Komponentenklassen

Dieser Bereich dient dazu verschiedene Klassen zu erstellen, die dafür da sind gewünschte Dokumente auszutauschen. Dabei ist es notwendig zuerst eine Komponentenstruktur zu erstellen. Hier beinhaltet jede erstellte Klasse, zugelassene Komponenten, welche vorher mit Namen versehen worden sind und anschließend mit den Konfigurationen und Zeichnungen verbunden werden sollen.

4.4.1.1.3 Anwendungsstruktur

In diesem Manager wird die Benutzeroberfläche, welche in weiterer Folge im TactonWorks Engineer verwendet wird, erstellt. Dabei ist es möglich die Benutzeroberfläche in Abschnitte, Gruppen und Felder zu unterteilen. Dabei muss für die jeweiligen Felder die Benennung und eine Beschreibung sowie der darin enthaltene Inhalt festgelegt werden. Diese Felder können als Eingabefelder oder aber auch als Drop-Down-Menüs zum Auswählen eines bestimmten Parameters dargestellt werden.

4.4.1.1.4 Benannte Domänen

Im Bereich der benannten Domänen befindet sich eine zuvor festgelegte Domäne, welche allerdings nur aus den Werten 0 und 1 besteht. Mit den benannten Domänen können z.B. Drop-Down-Menüs erstellt werden, in welchen zwischen den vorhandenen Parameter bzw. Eigenschaften für eine bestimme Konfiguration ausgewählt werden kann.

4.4.1.2 Eigenschaftsansicht

Grundsätzlich werden in dieser Ansicht gewisse Eigenschaften wie Namen, technische Parameter oder Beschreibungen definiert. Außerdem werden in Bezug auf den jeweils aktiven Manager in der Modellansicht, verschiedene Informationen und Eigenschaften zum gerade ausgewählten Objekt angezeigt.

4.4.1.3 Verknüpfungsansicht

In dieser Ansicht wird die Verbindung zwischen den Werten des Konfigurationsmodells und den Werten in SolidWorks hergestellt. Unter anderem können Komponenten und Dimensionen miteinander verknüpft werden.

4.4.1.4 Ansicht für Inspektionen

In der Ansicht der Inspektionen werden fehlerhafte Verknüpfungen und diverse Fehler im Konfigurationsmodell angezeigt.

(vgl. Lutz 2008, S. 28 – 35)

4.4.2 Tacton Works Engineering

Mit TactonWorks Engineering kann der Konstrukteur die gewünschten Konfigurationen auswählen bzw. bestimmen. Das Programm ist direkt in die SolidWorks Benutzeroberfläche integriert. Dabei werden für den Benutzer das 3D-Modell, sowie die Merkmalswerte der aktuellen Lösung in derselben Ansicht dargestellt. Somit kann er einfach und schnell die optimale Lösung für komplexe Produktkonfigurationen erstellen. Wenn eine nicht korrekte Lösung ausgewählt wurde, wird diese von der Software gar nicht zugelassen und rot markiert. Sobald der Benutzer ein Merkmal angepasst hat, werden die Baugruppen und Teile umgehend aktualisiert und neu dargestellt, so dass die Auswirkungen einer jeden Änderung sofort am 3D-Modell ersichtlich wird. Dabei arbeitet TactonWorks mit der Kombination aus einer SolidWorks-Baugruppe und dem archivierten Konfigurationsmodell, welches vorher vom Konstrukteur im TactonWorks Studio erstellt wurde. Die gewünschten Parameter können dann über die erstellten Drop-Down-Menüs ausgewählt werden oder je nachdem wie es vorgesehen wurde, können die Zahlenwerte auch direkt in die erstellten Felder eingefüllt werden. Dies passiert alles in der Benutzeroberfläche des TactonWorks Engineering. (vgl. Lutz 2008, S. 29, S. 37 - 38)

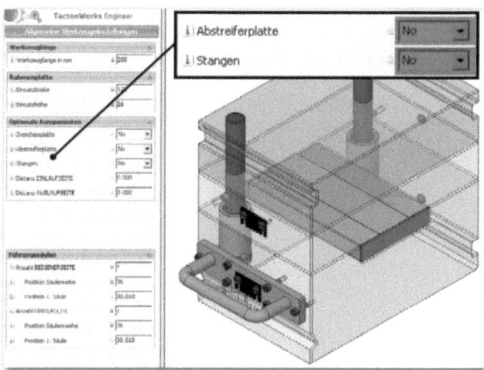

Darst. 7: TactonWorks Engineer (Eigene Ausarbeitung)

5 Reflexion

Was ich noch kurz erwähnen möchte: Bei Blum wurde anhand eines Praxisbeispiels, eine Gegenüberstellung gemacht, wie lange es dauert den Grundaufbau eines Stanzwerkzeuges einmal mit und einmal ohne einer KBE Zusatzsoftware zu konstruieren. Und das Ergebnis war verblüffend: Der Zeitaufwand ohne KBE-Unterstützung dauerte ca. 3-4 Stunden, dagegen dauerte dieselbe Konstruktion mit KBE-Software nur ca. eine halbe Stunde. Dies sagt doch schon einiges aus, wie hilfreich eine solche Software sein kann.

Zum einen ist es wie eben beschrieben der Faktor Zeit, der für eine solche Software sprechen würde, was jedoch bei weitem nicht der einzige Vorteil ist. Wenn das in einem Unternehmen gesammelte Know-how, für jedermann abrufbar ist, tun sich nicht nur neue Mitarbeiter leichter, sondern es kann auch eine durchgängige Standardisierung eingeführt werden, ohne jedes Detail wirklich selbst zu wissen. Und dass z.B. auch, wenn ein Unternehmen in mehreren Ländern oder sogar Kontinenten tätig ist, können alle nach demselben Standard und denselben Richtlinien zum erwünschten Ziel kommen.

Und ein für mich ganz wichtiger Aspekt ist es auch, dass die Gefahr von Fehlern wirklich auf ein mögliches Minimum reduziert werden kann.

Literaturverzeichnis

CADFEM GmbH (2011): Knowledge Based Engineering. Wissensbasierte Konstruktion. Online im Internet: URL: http://www.cadfem.de/Knowledge-Based-Engi.2634.0.html (Zugriff am 20.12.2011)

Hofer, Peter (CAD-Systemmanagement bei der Grass GmbH), 2011: Persönliches Interview, geführt von Philipp Grabher. Höchst, 21. Oktober 2011.

Lutz, Christiane Maria (2008): Konzeption und Umsetzung einer Unterstützung zur Konstruktion von Stanzwerkzeug-Grundaufbauten für die Automatenfertigung. Bachelorarbeit an der Fachhochschule Vorarlberg

Scherl, Peter (Konstrukteur bei der Julius Blum GmbH), 2011: Persönliches Interview, geführt von Thomas Felder. Höchst, 25. Oktober 2011.

SolidWorks Corporation, (2007): SolidWorks 2008, SolidWorks Grundlagen. Concord, Massachusetts.

Thomas, Otto (2008): „Entwicklung des Konstruktionswesens. Von der Handzeichnung zur 3D-Simulaiton." In: CAD CAM Trends – Technologien – Best Practice, 27. Jg. (2008) N°7-8, S.18-20